AF221229

Hexenkalender
Light-Edition

2022

Stefanie Gralewski

Hinweis

Sämtliche Anregungen und Anleitungen in diesem Buch entstammen dem volkstümlichen Brauchtum und dessen Interpretation der Autorin. Auch wenn die Angaben mit größter Sorgfalt zusammengetragen wurden, kann die Autorin keine Haftung für die Richtigkeit oder das Gelingen von Ritualen oder Rezepten übernehmen. Der Leser handelt stets in eigener Verantwortung. Dieses Buch oder Handlungsanregungen darin ersetzen weder den Gang zum Arzt oder Heilpraktiker noch die Konsultation eines Rechtsanwaltes.

Fotos: Benjamin Nimtz
Umschlaggestaltung: Nicole Altenhoff
Illustrationen: Nelly Polychronidis
Lektorat: Margit Wickhoff
Gestaltung: Susanne Speer
Satz: Anja Hagge

Bibliografische Information der Deutschen Nationalbibliothek: Die Deutsche Nationalbibliothek verzeichnet die Publikation in der Deutschen Nationalbibliografie, detaillierte bibliografische Daten sind im Internet unter http://denb.denb.de abrufbar

(C) Stefanie Gralewski

Herstellung und Verlag:
BoD – Books on Demand, Norderstedt
ISBN: 9783753406558

„Die meisten Menschen
sind so glücklich, wie sie es
sich selbst vorgenommen
haben."

Abraham Lincoln

Stefanie ᛡ Gralewski

RUNEN • LEBENSBERATUNG • RITUALE

Vorwort

Am 20. März gehen wir ins heiß ersehnte Jupiterjahr. Wenn die Sonne den Frühlingspunkt erreicht, Tag und Nacht genau gleich lang sind, ist der energetische Jahresanfang gekommen. Jupiter herrscht dann für die kommenden 12 Monate und löst den nicht immer ganz einfach zu nehmenden Saturn ab. Saturn zwingt uns zu Entscheidungen und hilft all das abzuschließen, was uns nur noch bedeutungslos anhängt.

Wenn Ihnen das Loslassen noch schwergefallen ist, so zögern Sie nicht und nutzen Sie die ersten Wochen des Jahres, um Altes oder negative Energien hinter sich zu lassen. Denn Jupiter lässt all das gedeihen, was vorhanden ist – unter Umständen auch die Lebenssituationen, die wir als nicht so positiv empfinden. Jupiter steht für Wachstum und Fülle – Sie entscheiden also, wie sich das in Ihrem Leben zeigen darf.

Dass der Hexenkalender auch in der Light-Edition ein so großer Erfolg wird und ich im Jahr 2022 bereits die vierte Auflage herauszubringen vermag, hätte ich noch vor wenigen Jahren kaum zu träumen gewagt.

Die Light-Edition mit jeder Menge Platz für Ihre Notizen ist längst viel mehr als nur der „kleine Ableger" meines Original Hexenkalenders (der 2022 bereits im 8. Jahr erscheint).

Nutzen Sie dieses Büchlein als Traumtagebuch oder halten Sie darin Ihre Glücksmomente fest. Konzentrieren Sie sich in diesem Jahr doch mal auf das Wunderbare, das Ihnen begegnet.

Getreu meinem Jahresmotto, einem Zitat von Abraham Lincoln: „Die meisten Menschen sind so glücklich, wie sie es sich selbst vorgenommen haben."

Ich wünsche Ihnen von Herzen ein wundervolles Jahr voll großer und kleiner Glücksmomente!

Herzlichst
Stefanie Gralewski

Gesetzliche Feiertage im Jahr 2022

(Stand 31.01.2021)

Tag	Datum	Namen	Bundesland
SA	01.01	Neujahrstag	Bundesweit
DO	06.01	Heilige Drei Könige	BW, BY, ST
DI	08.03	Internat. Frauentag	BE
FR	15.04	Karfreitag	Bundesweit
SO	17.04	Ostersonntag	BB
MO	18.04	Ostermontag	Bundesweit
SO	01.05	Tag der Arbeit	Bundesweit
DO	26.05	Christi Himmelfahrt	Bundesweit
SO	05.06	Pfingstsonntag	BB
MO	06.06	Pfingstmontag	Bundesweit
DO	16.06	Fronleichnam	BW, BY, HE, NW, RP, SL
MO	15.08	Mariä Himmelfahrt	BY, SL
DI	20.09	Weltkindertag	TH
MO	03.10	Tag der deutschen Einheit	Bundesweit
MO	31.10	Reformationstag	BB, HB, HH, MV, NI, SN, ST, SH, TH
DI	01.11	Allerheiligen	BW, BY, NW, RP, SL
MI	16.11	Buß- und Bettag	SN
SO	25.12	1. Weihnachtstag	Bundesweit
MO	26.12	2. Weihnachtstag	Bundesweit

Liste der verwendeten Abkürzungen

BB	– Brandenburg		NW	– Nordrhein-Westfalen
BE	– Berlin		RP	– Rheinland-Pfalz
BW	– Baden-Württemberg		SH	– Schleswig-Holstein
BY	– Bayern		SL	– Saarland
HB	– Bremen		SN	– Sachsen
HE	– Hessen		ST	– Sachsen-Anhalt
HH	– Hamburg		TH	– Thüringen
MV	– Mecklenburg-Vorpommern		TR	– Tagesregent / Planetenherrscher
NI	– Niedersachsen		TL	– Teelöffel

Kalenderübersicht 2022

Januar

	Mo	Di	Mi	Do	Fr	Sa	So
52						1	2
	3	4	5	6	7	8	9
	10	11	12	13	14	15	16
	17	18	19	20	21	22	23
	24	25	26	27	28	29	30
	31						

Februar

	Mo	Di	Mi	Do	Fr	Sa	So
5		1	2	3	4	5	6
6	7	8	9	10	11	12	13
7	14	15	16	17	18	19	20
8	21	22	23	24	25	26	27
9	28						

März

	Mo	Di	Mi	Do	Fr	Sa	So
9		1	2	3	4	5	6
10	7	8	9	10	11	12	13
11	14	15	16	17	18	19	20
12	21	22	23	24	25	26	27
13	28	29	30	31			

April

	Mo	Di	Mi	Do	Fr	Sa	So
13				1	2	3
14	4	5	6	7	8	9	10
15	11	12	13	14	15	16	17
16	18	19	20	21	22	23	24
17	25	26	27	28	29	30	

Mai

	Mo	Di	Mi	Do	Fr	Sa	So
17							1
18	2	3	4	5	6	7	8
19	9	10	11	12	13	14	15
20	16	17	18	19	20	21	22
21	23	24	25	26	27	28	29
22	30	31					

Juni

	Mo	Di	Mi	Do	Fr	Sa	So
22			1	2	3	4	5
23	6	7	8	9	10	11	12
24	13	14	15	16	17	18	19
25	20	21	22	23	24	25	26
26	27	28	29	30			

Juli

	Mo	Di	Mi	Do	Fr	Sa	So
26				1	2	3
	4	5	6	7	8	9	10
	11	12	13	14	15	16	17
	18	19	20	21	22	23	24
	25	26	27	28	29	30	31

August

	Mo	Di	Mi	Do	Fr	Sa	So
31	1	2	3	4	5	6	7
32	8	9	10	11	12	13	14
33	15	16	17	18	19	20	21
34	22	23	24	25	26	27	28
35	29	30	31				

September

	Mo	Di	Mi	Do	Fr	Sa	So
35				1	2	3	4
36	5	6	7	8	9	10	11
37	12	13	14	15	16	17	18
38	19	20	21	22	23	24	25
39	26	27	28	29	30		

Oktober

	Mo	Di	Mi	Do	Fr	Sa	So
						1	2
	3	4	5	6	7	8	9
	10	11	12	13	14	15	16
	17	18	19	20	21	22	23
	24	25	26	27	28	29	30
	31						

November

	Mo	Di	Mi	Do	Fr	Sa	So
44		1	2	3	4	5	6
45	7	8	9	10	11	12	13
46	14	15	16	17	18	19	20
47	21	22	23	24	25	26	27
48	28	29	30				

Dezember

	Mo	Di	Mi	Do	Fr	Sa	So
48				1	2	3	4
49	5	6	7	8	9	10	11
50	12	13	14	15	16	17	18
51	19	20	21	22	23	24	25
52	26	27	28	29	30	31	

Montag **27** Dezember TE: Mond ☽ (Intuition/Frau)	KW 52
Dienstag **28** Dezember TE: Mars ♂ (Mut/Stärke)	
Mittwoch **29** Dezember TE: Merkur ☿ (Dialog/Handel)	
Donnerstag **30** Dezember TE: Jupiter ♃ (Geld/Job)	

Silvester	Freitag **31** Dezember 2021 TE: Venus ♀ (Liebe/Beauty)
Neujahr	Samstag **01** Januar TE: Saturn ♄ (Lösung/Ende)
	Sonntag **02** Januar **Neumond** TE: Sonne ☉ (Mann/Energie)

Neujahr am 1. Januar

Seit 1691 beginnt das neue Jahr am 1. Januar. Noch in den Raunächten gelegen, gelten die Tage des Jahreswechsels als ausgesprochen magisch. Durch Lärm wie Böller oder Peitschenknallen sollen die bösen Geister des alten Jahres vertrieben werden. Einer alten Überlieferung zufolge ist der Neujahrstag das Omen für das ganze Jahr.

Tun Sie also heute all das, was Sie im ganzen Jahr tun möchten (Sport, Freunde treffen etc.) und vermeiden Sie Dinge, die Sie nicht so gern tun (putzen oder Papierkram).

Montag **03** Januar TE: Mond ☽ (Intuition/Frau)	KW 1
Dienstag **04** Januar TE: Mars ♂ (Mut/Stärke)	
Mittwoch **05** Januar TE: Merkur ☿ (Dialog/Handel)	
Donnerstag **06** Januar TE: Jupiter ♃ (Geld/Job)	**Heilige Drei Könige** (BW, BY, ST)

	Freitag
	07
	Januar
	TE: Venus ♀ (Liebe/Beauty)

	Samstag
	08
	Januar
	TE: Saturn ♄ (Lösung/Ende)

	Sonntag
	09
	Januar
	TE: Sonne ☉ (Mann/Energie)

Römisches Friedensfest am 3. Januar

Im antiken Rom wurden an diesem Tag die Namen derer öffentlich verlesen, die als Feinde des Friedens galten und/oder sich gegen Frauen strafbar gemacht hatten. Frieden und Frauenwohl galten als eng miteinander verknüpft.

Sorgen Sie doch heute einmal für einen kleinen Frieden in der Welt und stärken Sie eine Frau aus Ihrem Umfeld. Ganz gleich ob Kollegin, Mutter, Tochter, Freundin oder Nachbarin. Entzünden Sie dazu eine weiße oder silberne Kerze, auf die Sie den Namen der Frau geschrieben haben. Lassen Sie die Kerze abbrennen und kontaktieren Sie die Frau. Bieten Sie ihr Ihre Hilfe an oder vielleicht möchten Sie der Frau einfach eine kleine Freude machen?

Montag **10** Januar	KW 2
TE: Mond ☽ (Intuition/Frau)	
Dienstag **11** Januar	
TE: Mars ♂ (Mut/Stärke)	
Mittwoch **12** Januar	
TE: Merkur ☿ (Dialog/Handel)	
Donnerstag **13** Januar	
TE: Jupiter ♃ (Geld/Job)	

	Freitag
	14
	Januar
	TE: Venus ♀ (Liebe/Beauty)

	Samstag
	15
	Januar
	TE: Saturn ♄ (Lösung/Ende)

	Sonntag
	16
	Januar
	TE: Sonne ☉ (Mann/Energie)

Tag der römischen Göttin Carmenta am 11. Januar

Ein Carmenta-Ritual hilft, die Liebe ins Leben zu ziehen.

Brühen Sie einen Tee aus 1TL Jasmin, 1TL Rosenblüten, 1TL Kamille und einer kleinen Prise Muskat. Geben Sie einen gereinigten Rosenquarz-Trommelstein in die Tasse. Gießen Sie anschließend den Tee über den Stein und geben etwas Honig hinzu. Rühren Sie im Uhrzeigersinn dreimal um und trinken dann den Tee (ohne Stein!), sobald er Trinktemperatur erreicht hat.

Stellen Sie sich vor, wie das Liebesglück in Ihr Leben zieht und bitten Sie Carmenta dabei um Hilfe.

13

Montag **17** Januar **Vollmond** TE: Mond ☽ (Intuition/Frau)	KW 3
Dienstag **18** Januar TE: Mars ♂ (Mut/Stärke)	
Mittwoch **19** Januar TE: Merkur ☿ (Dialog/Handel)	
Donnerstag **20** Januar TE: Jupiter ♃ (Geld/Job)	

	Freitag # 21 Januar TE: Venus ♀ (Liebe/Beauty)
	Samstag # 22 Januar TE: Saturn ♄ (Lösung/Ende)
	Sonntag # 23 Januar TE: Sonne ☉ (Mann/Energie)

Äthiopisch-christlich-orthodoxes Timkat-Fest am 19. Januar

Dieser Gedenktag erinnert an die Taufe Jesu im Jordan und wird mit umfangreichen Zeremonien gefeiert, die schon in den Morgenstunden beginnen. Das Wasser eines nahen Flusses wird noch vor Sonnenaufgang gesegnet und auf die Anwesenden gesprengt. Einige Teilnehmer tauchen im Wasser unter und erneuern somit symbolisch ihr Taufversprechen. Auch Menschen, die nicht mehr so stark mit der orthodoxen Religion verbunden sind, nutzen die Energie der Reinigung und des Neuanfangs mit einem Tauchgang.

Sind Sie mutig und nehmen Sie ein Reinigungsbad im Freien? Sie können sich natürlich auch im heimischen Badezimmer durch ein Salzbad oder eine Meditation von negativen Gedanken befreien.

	KW 4
Montag **24** Januar TE: Mond ☽ (Intuition/Frau)	
Dienstag **25** Januar TE: Mars ♂ (Mut/Stärke)	
Mittwoch **26** Januar TE: Merkur ☿ (Dialog/Handel)	
Donnerstag **27** Januar TE: Jupiter ♃ (Geld/Job)	

	Freitag
	28
	Januar
	TE: Venus ♀ (Liebe/Beauty)

	Samstag
	29
	Januar
	TE: Saturn ♄ (Lösung/Ende)

	Sonntag
	30
	Januar
	TE: Sonne ☉ (Mann/Energie)

Tag des Gottes Bieggaolmaj am 28. Januar

Dieser Windgott war den Samen (ein indigenes, ostskandinavisches Volk) besonders heilig. Die Samen betrachten sich noch heute als Volk von Sonne und Wind.

Heute ist der richtige Tag für eine Meditation – wenn Sie mögen, warm angezogen im Freien. Setzen Sie sich an einen Platz, an dem Sie ungestört sind. Schließen Sie die Augen und nehmen Sie den Wind wahr. Betrachten Sie, wie der Rhythmus Ihrer Atmung mit dem Wind immer mehr im Einklang schwingt.

Diese Meditation kann ein paar Augenblicke oder auch eine halbe Stunde dauern – ganz so, wie es Ihnen guttut. Sie werden spüren, dass Sie zur Ruhe kommen und Ihr Geist sich klärt.

Montag **31** Januar TE: Mond ☽ (Intuition/Frau)	KW 5
Dienstag **01** Februar **Neumond** TE: Mars ♂ (Mut/Stärke)	
Mittwoch **02** Februar TE: Merkur ☿ (Dialog/Handel)	
Donnerstag **03** Februar TE: Jupiter ♃ (Geld/Job)	

	Freitag **04** Februar TE: Venus ♀ (Liebe/Beauty)
	Samstag **05** Februar TE: Saturn ♄ (Lösung/Ende)
	Sonntag **06** Februar TE: Sonne ☉ (Mann/Energie)

Christliches Mariä Lichtmess am 2. Februar

Es war früher üblich, bis zu diesem Tag alle alten Kerzen aufzubrauchen. Nach der Messe in der Kirche wurden neue, gesegnete Kerzen mit nach Hause gebracht. Manchmal wurde auch eine an der Segenskerze in der Kirche entzündete Flamme mit nach Hause genommen, um das neue Licht ins Haus zu bringen.

Ein schönes Ritual für diesen Tag ist es, sich eine weiße Kerze zurechtzulegen und dann alle Lichter im Haus zu löschen. Spüren Sie der Dunkelheit nach. Entzünden Sie dann die Kerze, gehen Sie mit dem neuen Licht durchs Haus und lassen Sie es überallhin scheinen. Dieses Ritual soll Ihnen Glück fürs ganze Jahr bringen.

Montag **07** Februar	KW 6
TE: Mond ☽ (Intuition/Frau)	
Dienstag **08** Februar	
TE: Mars ♂ (Mut/Stärke)	
Mittwoch **09** Februar	
TE: Merkur ☿ (Dialog/Handel)	
Donnerstag **10** Februar	
TE: Jupiter ♃ (Geld/Job)	

	Freitag
	11
	Februar
	TE: Venus ♀
	(Liebe/Beauty)

	Samstag
	12
	Februar
	TE: Saturn ♄
	(Lösung/Ende)

	Sonntag
	13
	Februar
	TE: Sonne ☉
	(Mann/Energie)

Tag des grecoromanischen Gottes Apollo am 9. Februar

Er ist unter anderem der Gott des Lichtes und der Weissagung. Die bedeutendste Orakelstätte der antiken Welt – das Orakel von Delphi – war ihm geweiht.

Heute ist ein fantastischer Tag für ein Kerzenorakel. Sie benötigen eine kleine Stabkerze (z. B. eine Weihnachtsbaumkerze oder eine Kirchenkerze) – ausnahmsweise muss diese nicht durchgefärbt sein. Dazu brauchen Sie eine kleine Schale mit Wasser. Entzünden Sie die Kerze und konzentrieren Sie sich auf Ihre Frage. Schauen Sie in die Flamme und bitten Sie um Antworten. Wenn Sie das Gefühl haben, der richtige Augenblick für eine Antwort ist gekommen, gießen Sie das flüssige Wachs in das Wasser. Aus der Wachsform, die entsteht, können Sie die Antwort entschlüsseln.

Montag **14** Februar	KW 7
TE: Mond ☽ (Intuition/Frau)	
Dienstag **15** Februar	
TE: Mars ♂ (Mut/Stärke)	
Mittwoch **16** Februar **Vollmond**	
TE: Merkur ☿ (Dialog/Handel)	
Donnerstag **17** Februar	
TE: Jupiter ♃ (Geld/Job)	

	Freitag
	18
	Februar
	TE: Venus ♀ (Liebe/Beauty)

	Samstag
	19
	Februar
	TE: Saturn ♄ (Lösung/Ende)

	Sonntag
	20
	Februar
	TE: Sonne ☉ (Mann/Energie)

Tag des katholischen Heiligen Valentin am 14. Februar

Der römische Priester Valentin verheiratete trotz Verbots Liebespaare nach christlichem Ritus, wofür er zum Tode verurteilt wurde. Der Überlieferung nach hat Valentin den frisch verheirateten Paaren Blumen aus seinem Garten geschenkt.

Dieser Gedenktag ist also keine moderne Erfindung der Blumenindustrie. Blumen aus dem Garten Valentins sollen den Liebenden Glück gebracht haben und Ehen, die von Valentin geschlossen wurden, haben der Überlieferung nach unter einem besonders guten Stern gestanden.

Montag **21** Februar	KW 8
TE: Mond ☽ (Intuition/Frau)	
Dienstag **22** Februar	
TE: Mars ♂ (Mut/Stärke)	
Mittwoch **23** Februar	
TE: Merkur ☿ (Dialog/Handel)	
Donnerstag **24** Februar	
TE: Jupiter ♃ (Geld/Job)	

	Freitag
	25
	Februar
	TE: Venus ♀
	(Liebe/Beauty)

	Samstag
	26
	Februar
	TE: Saturn ♄
	(Lösung/Ende)

	Sonntag
	27
	Februar
	TE: Sonne ☉
	(Mann/Energie)

Römisches Refugium am 24. Februar

Bei diesem Fest unter der Leitung des höchsten römischen Priesters wurde im antiken Rom den Göttern ein Trankopfer dargebracht.

Diese Energie hat sich bis heute gehalten und bietet auch Ihnen die Gelegenheit, sich bei den Göttern für die Gaben zu bedanken.

Hierzu können Sie zum Beispiel ein wertvolles Getränk wie etwa edlen Wein oder Whiskey an einem schönen Platz vergießen.

Montag **28** Februar TE: Mond ☽ (Intuition/Frau)	KW 9
Dienstag **01** März TE: Mars ♂ (Mut/Stärke)	
Mittwoch **02** März **Neumond** TE: Merkur ☿ (Dialog/Handel)	
Donnerstag **03** März TE: Jupiter ♃ (Geld/Job)	

	Freitag
	04
	März
	TE: Venus ♀ (Liebe/Beauty)
	Samstag
	05
	März
	TE: Saturn ♄ (Lösung/Ende)
	Sonntag
	06
	März
	TE: Sonne ☉ (Mann/Energie)

Tag des keltischen Gottes Ceadda am 2. März

Mit seinem Attribut (Baum des Lebens) ist Ceadda für die Heilung von Quellen und heiligen Brunnen zuständig.

Besonders schön ist es, wenn Sie heute eine kleine Waldquelle besuchen und sich durch Mutter Natur geweihtes Wasser in eine kleine Flasche füllen.

Zu Hause kann dieses Wasser zur Weihe von Ritualgegenständen oder im Putzwasser für eine energetische Reinigung genutzt werden.

Montag **07** März TE: Mond ☽ (Intuition/Frau)	KW 10
Dienstag **08** März TE: Mars ♂ (Mut/Stärke)	**Internationaler Frauentag** (BE)
Mittwoch **09** März TE: Merkur ☿ (Dialog/Handel)	
Donnerstag **10** März TE: Jupiter ♃ (Geld/Job)	

	Freitag **11** März TE: Venus ♀ (Liebe/Beauty)
	Samstag **12** März TE: Saturn ♄ (Lösung/Ende)
	Sonntag **13** März TE: Sonne ☉ (Mann/Energie)

Tag des griechischen Gottes Adonis am 9. März

In der griechischen Mythologie ist Adonis der Gott der Schönheit und Vegetation. Er ist einer der Geliebten der Göttin Aphrodite und wird als wunderschöner Jüngling beschrieben.

Sie können diese Energie nutzen, um die Männer in Ihrem Umfeld zu stärken. Entzünden Sie dazu eine rote und eine gelbe Kerze, in die Sie den Namen Ihres Mannes, Bruders, Partners, Sohnes (oder auch Ihren eigenen, wenn Sie ein Mann sind) hineinritzen. Lassen Sie die Kerzen zusammen abbrennen, um die männliche Energie zu stärken.

Montag **14** März TE: Mond ☽ (Intuition/Frau)	KW 11
Dienstag **15** März TE: Mars ♂ (Mut/Stärke)	
Mittwoch **16** März TE: Merkur ☿ (Dialog/Handel)	
Donnerstag **17** März TE: Jupiter ♃ (Geld/Job)	

	Freitag
	18
	März
	Vollmond
	TE: Venus ♀ (Liebe/Beauty)

	Samstag
	19
	März
	TE: Saturn ♄ (Lösung/Ende)

	Sonntag
Tag-und-Nacht-Gleiche	**20**
	März
	TE: Sonne ☉ (Mann/Energie)

Röm. Feriae Annae Perennae am 15. März

Fest zu Ehren der „kleinen" Göttin Anna Perenna. Ihr wurde mit einem Festmahl in ihrem Hain gedacht, bei dem offenbar reichlich getrunken wurde. Man wünschte sich gegenseitig noch so viele Lebensjahre, wie es gelang Becher zu leeren.

Das Trinken ist auch im europäischen Raum mit allerlei Magie verbunden: So soll man zum Beispiel bei einer kleinen Neige im Glas nicht mehr absetzen, um finanziell nicht „auf dem Trockenen" zu sitzen.

Montag **21** März TE: Mond ☽ (Intuition/Frau)	KW 12
Dienstag **22** März TE: Mars ♂ (Mut/Stärke)	
Mittwoch **23** März TE: Merkur ☿ (Dialog/Handel)	
Donnerstag **24** März TE: Jupiter ♃ (Geld/Job)	

	Freitag
	25
	März
	TE: Venus ♀
	(Liebe/Beauty)

	Samstag
	26
	März
	TE: Saturn ♄
	(Lösung/Ende)

	Sonntag
	27
	März
	TE: Sonne ☉
	(Mann/Energie)

Tag der hinduistischen Göttin Aramati am 23. März

Sie beschützt die Menschen, die sich gerade im Gebet befinden. Aramati kann zu Hilfe gerufen werden, um zur Ruhe zu kommen, wenn man innere Einkehr halten will, wenn man Schönes erbittet und Schlechtes aus seinem Leben verbannen will.

Legen Sie dafür fünf blaue Blüten um eine weiße Kerze herum, sprechen Sie Aramati an und lassen Sie die Kerze abbrennen.

Montag **28** März TE: Mond ☽ (Intuition/Frau)	KW 13
Dienstag **29** März TE: Mars ♂ (Mut/Stärke)	
Mittwoch **30** März TE: Merkur ☿ (Dialog/Handel)	
Donnerstag **31** März TE: Jupiter ♃ (Geld/Job)	

	Freitag
	01
	April
	Neumond
	TE: Venus ♀ (Liebe/Beauty)

	Samstag
	02
	April
	TE: Saturn ♄ (Lösung/Ende)

	Sonntag
	03
	April
	TE: Sonne ☉ (Mann/Energie)

Tag der römischen Göttin Venus am 1. April

Die Göttin Venus wird an verschiedenen Feiertagen geehrt.

Dieser Tag wurde von den Römerinnen genutzt, um göttlichen Beistand für ihr Liebesleben zu erbitten. Dazu nahmen Sie wohlduftende Bäder, wobei sie Myrtenkränze auf dem Kopf trugen.

Nutzen Sie den Tag heute für ein Bad, das die Liebe fördert: Mischen Sie einen halben Liter Sahne mit einigen wenigen Tropfen Rosen- und Veilchenöl und gießen Sie die Mischung ins einlaufende Wasser. Geben Sie unbedingt eine Prise Dill hinzu, denn einer alten Überlieferung nach macht Dill unwiderstehlich.

Montag
04
April

TE: Mond ☽
(Intuition/Frau)

Dienstag
05
April

TE: Mars ♂
(Mut/Stärke)

Mittwoch
06
April

TE: Merkur ☿
(Dialog/Handel)

Donnerstag
07
April

TE: Jupiter ♃
(Geld/Job)

	Freitag
	08
	April
	TE: Venus ♀
	(Liebe/Beauty)

	Samstag
	09
	April
	TE: Saturn ♄
	(Lösung/Ende)

	Sonntag
	10
	April
	TE: Sonne ☉
	(Mann/Energie)

Buddhistisches Hana-Matsuri-Fest am 8. April

An diesem Tag wird Buddhas Geburtstag mit Unmengen an Blüten und Blumen gefeiert. Die Gläubigen bringen Blüten als Opfer zu blumengeschmückten Buddha-Statuen in den Tempeln.

Sie tropfen einen magischen Tee aus Hortensienblättern, der vor bösen Geistern schützen soll, auf die Statue. Die besondere Tee-Hortensie der Sorte Aamacha kann man sogar in unseren Breiten im Garten pflanzen. Der fermentierte Sud ist so süß, dass er auch als Zuckerersatz zum Einsatz kommen kann.

Montag **11** April	KW 15
TE: Mond ☽ (Intuition/Frau)	
Dienstag **12** April	
TE: Mars ♂ (Mut/Stärke)	
Mittwoch **13** April	
TE: Merkur ☿ (Dialog/Handel)	
Donnerstag **14** April	
TE: Jupiter ♃ (Geld/Job)	

Karfreitag	Freitag **15** April TE: Venus ♀ (Liebe/Beauty)
	Samstag **16** April **Vollmond** TE: Saturn ♄ (Lösung/Ende)
Ostersonntag (BB)	Sonntag **17** April TE: Sonne ☉ (Mann/Energie)

Karfreitag am 15. April

Dem Volksglauben nach beginnen heute die Kuckucksrufe. Achten Sie bei einem Waldspaziergang unbedingt darauf. Denn einer alten Überlieferung nach geht Ihnen mit folgendem Ritual das ganze Jahr über das Geld nicht aus:

Während der Kuckuck ruft, soll man entweder sein Geld zählen oder dreimal auf den Geldbeutel klopfen.

Sie müssen aber fertig sein, bevor der Ruf des Vogels verhallt. Haben Sie es beim ersten Anlauf nicht geschafft? Kein Problem. Harren Sie etwas aus und probieren Sie es beim nächsten Rufen noch einmal.

Montag **18** April TE: Mond ☽ (Intuition/Frau)	KW 16 **Ostermontag**
Dienstag **19** April TE: Mars ♂ (Mut/Stärke)	
Mittwoch **20** April TE: Merkur ☿ (Dialog/Handel)	
Donnerstag **21** April TE: Jupiter ♃ (Geld/Job)	

	Freitag **22** April TE: Venus ♀ (Liebe/Beauty)
	Samstag **23** April TE: Saturn ♄ (Lösung/Ende)
	Sonntag **24** April TE: Sonne ☉ (Mann/Energie)

Beginn der Mai-Aquariiden am 19. April

Bis zum 28. Mai begleiten uns die Sternschnuppen, die scheinbar aus dem Sternzeichen Wassermann kommen – daher der Name Aquariiden. Etwa eine Stunde vor Sonnenaufgang kann man am östlichen Himmel nahe des Sternzeichens Pegasus besonders viele Sternschnuppen sehen.

Nutzen Sie die Gelegenheit und wünschen Sie sich etwas. Einem alten Brauch nach soll man dort, wo man eine Sternschnuppe gesehen und sich etwas gewünscht hat, eine Münze vergraben. So kann man sicher gehen, dass der Wunsch sich auch erfüllt.

Montag **25** April TE: Mond ☽ (Intuition/Frau)	KW 17
Dienstag **26** April TE: Mars ♂ (Mut/Stärke)	
Mittwoch **27** April TE: Merkur ☿ (Dialog/Handel)	
Donnerstag **28** April TE: Jupiter ♃ (Geld/Job)	

	Freitag
	29
	April
	TE: Venus ♀
	(Liebe/Beauty)

	Samstag
	30
	April
	Neumond
	TE: Saturn ♄
	(Lösung/Ende)

	Sonntag
Tag der Arbeit	**01**
	Mai
	TE: Sonne ☉
	(Mann/Energie)

Tag der römischen Götter Castor und Pollux am 28. April

Im antiken Rom wurden die Zwillingsbrüder Castor und Pollux vor allem als Schutzgötter der Schifffahrt verehrt, weil man mit Hilfe ihrer Sterne navigieren konnte.

Man sagt, Castor und Pollux würden verzweifelten Menschen, die emotional zu ertrinken drohen, das rettende Land weisen. Bis Mitte Mai sind die Sterne Castor und Pollux noch am Himmel zu sehen.

Gehen Sie für einen Abendspaziergang ins Freie und bitten Sie die beiden um Trost und Lösungen für Ihre Sorgen.

Montag **02** Mai TE: Mond ☽ (Intuition/Frau)	KW 18
Dienstag **03** Mai TE: Mars ♂ (Mut/Stärke)	
Mittwoch **04** Mai TE: Merkur ☿ (Dialog/Handel)	
Donnerstag **05** Mai TE: Jupiter ♃ (Geld/Job)	

	Freitag
	06
	Mai
	TE: Venus ♀
	(Liebe/Beauty)

	Samstag
	07
	Mai
	TE: Saturn ♄
	(Lösung/Ende)

	Sonntag
	08
	Mai
	TE: Sonne ☉
	(Mann/Energie)

Tag der slawischen Zorya am 6. Mai

Die Zorya sind drei Himmels- und Lichtgöttinnen und werden vor allem in Schicksalsfragen angerufen.

Dafür können Sie heute mit einem Ritual um günstiges Schicksal bitten. Zünden Sie dazu drei Kerzen (eine weiße, eine rote und eine schwarze) an. Die erste Kerze, die entzündet wird, ist die schwarze. Erinnern Sie sich an die Situationen, die schwierig waren, und wie Sie diese überwunden haben. Entzünden Sie dann die rote Kerze und fühlen Sie Dankbarkeit für all das, was Sie jetzt haben und sind. Dann entzünden Sie die weiße Kerze und bitten Sie um gutes Schicksal und Glück. Vermeiden Sie konkrete Wünsche. Freuen Sie sich auf das Wunderbare, das in Ihr Leben kommen wird. Zum Abschluss vergraben Sie die Kerzenreste zusammen mit etwas Honig an einem schönen Ort.

Montag **09** Mai TE: Mond ☽ (Intuition/Frau)	KW 19
Dienstag **10** Mai TE: Mars ♂ (Mut/Stärke)	
Mittwoch **11** Mai TE: Merkur ☿ (Dialog/Handel)	
Donnerstag **12** Mai TE: Jupiter ♃ (Geld/Job)	

	Freitag
	13 Mai
	TE: Venus ♀ (Liebe/Beauty)
	Samstag
	14 Mai
	TE: Saturn ♄ (Lösung/Ende)
	Sonntag
	15 Mai
	TE: Sonne ☉ (Mann/Energie)

Tag der sumerischen Götter Enki und Enlil am 10. Mai

Enki und Enlil stritten oft, wer denn nun der mächtigste Gott sei. Viele Legenden berichten von zahlreichen Konflikten zwischen den beiden Brüdern. Haben Sie auch Streit mit jemandem? Folgendes Ritual hilft den Streit beizulegen und Frieden zu finden. Zünden Sie vor einem Spiegel eine grüne Kerze an.

Stellen Sie ein Glas oder eine Schale mit Wasser davor. Rühren Sie mit Ihrem Finger um und werfen Sie zwei Blumen hinein. Eine Blume symbolisiert Sie, die andere die Person, mit der Sie im Streit liegen. Betrachten Sie die Blüten im Spiegel. So ruhig, wie das Wasser wird bald auch Ihre Beziehung sein. Lassen Sie die Kerze ausbrennen und entsorgen Sie Blumen und Wasser, sobald die Blumen verwelkt sind.

Montag
16
Mai

Vollmond

TE: Mond ☽
(Intuition/Frau)

Dienstag
17
Mai

TE: Mars ♂
(Mut/Stärke)

Mittwoch
18
Mai

TE: Merkur ☿
(Dialog/Handel)

Donnerstag
19
Mai

TE: Jupiter ♃
(Geld/Job)

	Freitag
	20
	Mai
	TE: Venus ♀ (Liebe/Beauty)

	Samstag
	21
	Mai
	TE: Saturn ♄ (Lösung/Ende)

	Sonntag
	22
	Mai
	TE: Sonne ☉ (Mann/Energie)

Tag des griechischen Gottes Pan am 18. Mai

Er gilt als starker und widerwilliger Waldgott, der in zahlreichen Legenden mit seinem furchterregenden Zauberschrei (Panik genannt) seine Feinde in die Flucht schlägt.

Wussten Sie, dass wissenschaftliche Studien in den letzten Jahren bestätigt haben, dass lautes Schreien Spannungen löst und dadurch Stress vermindern kann?

Wenn Sie sich fürchten oder sich einer furchterregenden Situation stellen müssen, tragen Sie einen Obsidian-Stein bei sich. Man sagt, dass dieser Klarheit, Mut, logisches Denken und Geduld fördert.

Montag **23** Mai TE: Mond ☽ (Intuition/Frau)	KW 21
Dienstag **24** Mai TE: Mars ♂ (Mut/Stärke)	
Mittwoch **25** Mai TE: Merkur ☿ (Dialog/Handel)	
Donnerstag **26** Mai TE: Jupiter ♃ (Geld/Job)	**Christi Himmelfahrt**

	Freitag **27** Mai TE: Venus ♀ (Liebe/Beauty)
	Samstag **28** Mai TE: Saturn ♄ (Lösung/Ende)
	Sonntag **29** Mai TE: Sonne ☉ (Mann/Energie)

Tag des griechischen Gottes Hermes am 24. Mai

Der Gott der Magie, Gelehrsamkeit, Medizin und okkulten Weisheit ist auch Schutzgott der Reisenden.

Um Glück auf all Ihren Wegen – auch unterwegs – anzuziehen, können Sie ein Bild von Hermes im Handschuhfach Ihres Autos oder in Ihrer Handtasche aufbewahren.

Dabei ist es völlig gleich, ob Sie ein Farbbild aus einer Zeitschrift ausgeschnitten haben oder einen schwarz-weißen Ausdruck aus dem Internet bei sich tragen.

Montag **30** Mai **Neumond** TE: Mond ☽ (Intuition/Frau)	KW 22
Dienstag **31** Mai TE: Mars ♂ (Mut/Stärke)	
Mittwoch **01** Juni TE: Merkur ☿ (Dialog/Handel)	
Donnerstag **02** Juni TE: Jupiter ♃ (Geld/Job)	

	Freitag **03** Juni
	TE: Venus ♀ (Liebe/Beauty)
	Samstag **04** Juni
	TE: Saturn ♄ (Lösung/Ende)
Pfingstsonntag (BB)	Sonntag **05** Juni
	TE: Sonne ☉ (Mann/Energie)

Tag der slawischen Göttin Vesna am 31. Mai

Sie ist die Göttin des Frühlings und der Jugend, die nach dem kalten Winter die Frühlingsfreude zurückbringt. Man mag sich wundern, warum erst heute ihr Ehrentag ist. Doch gibt es in weiten Teilen Russlands erst im Juni (und nur bis August) verlässlich warme Tage.

Pusten Sie die Samen eines Löwenzahns davon und wünschen Sie sich etwas. Eine alte Überlieferung sagt, Ihre Wünsche werden so direkt zu Vesna getragen.

Montag **06** Juni TE: Mond ☽ (Intuition/Frau)	KW 23 **Pfingstmontag** (BB)
Dienstag **07** Juni TE: Mars ♂ (Mut/Stärke)	
Mittwoch **08** Juni TE: Merkur ☿ (Dialog/Handel)	
Donnerstag **09** Juni TE: Jupiter ♃ (Geld/Job)	

	Freitag
	10
	Juni
	TE: Venus ♀
	(Liebe/Beauty)

	Samstag
	11
	Juni
	TE: Saturn ♄
	(Lösung/Ende)

	Sonntag
	12
	Juni
	TE: Sonne ☉
	(Mann/Energie)

Tag der hinduistischen Göttin Sita am 6. Juni

Im antiken Indien verkörperter Sita vor allem den Schoß der Erde. Inzwischen zählt sie zu den wichtigsten Göttinnen in der indischen Mythologie.

Sie ist die richtige Ansprechpartnerin, wenn man wahrhaftiger sein und mehr zu sich selbst und seinen Werten stehen möchte. Sie können sich im Gebet an Sita wenden. Zünden Sie dazu ein Räucherwerk mit Sandelholz und/oder Vanille an.

Montag **13** Juni TE: Mond ☽ (Intuition/Frau)	KW 24
Dienstag **14** Juni **Vollmond** TE: Mars ♂ (Mut/Stärke)	
Mittwoch **15** Juni TE: Merkur ☿ (Dialog/Handel)	
Donnerstag **16** Juni TE: Jupiter ♃ (Geld/Job)	**Fronleichnam** (BW, BY, HE, NW, RP, SL)

	Freitag
	17
	Juni
	TE: Venus ♀
	(Liebe/Beauty)

	Samstag
	18
	Juni
	TE: Saturn ♄
	(Lösung/Ende)

	Sonntag
	19
	Juni
	TE: Sonne ☉
	(Mann/Energie)

Tag der ägyptischen Göttin Nephthys am 15. Juni

Sie ist die Schwester von Isis und Ansprechpartnerin für die dunklen Aspekte im Leben.

Wenn Sie Trost benötigen, weil Sie sich gerade in einem Tal befinden und das Gefühl haben, dass niemand an Ihrer Seite ist, dann können Sie sich in einer Meditation oder in einem Gebet an Nephthys wenden.

Unterstützend wirkt eine ägyptische Räuchermischung aus Mastix, Benzoe und Rosenblüten.

Montag **20** Juni TE: Mond ☽ (Intuition/Frau)	KW 25
Dienstag **21** Juni TE: Mars ♂ (Mut/Stärke)	Sommersonnenwende
Mittwoch **22** Juni TE: Merkur ☿ (Dialog/Handel)	
Donnerstag **23** Juni TE: Jupiter ♃ (Geld/Job)	

	Freitag **24** Juni TE: Venus ♀ (Liebe/Beauty)
	Samstag **25** Juni TE: Saturn ♄ (Lösung/Ende)
	Sonntag **26** Juni TE: Sonne ☉ (Mann/Energie)

Keltisches Alban-Hefeyn-Fest am 22. Juni

In aller Fülle steckt die Ahnung des Todes. Das ist die Botschaft dieses uralten Festes. Jetzt nimmt das Sonnenlicht wieder ab und das Jahr geht dem Ende entgegen. Noch heute werden vielerorts große Sonnwendfeuer (bzw. Johannisfeuer) entzündet, um der Sonne zu huldigen.

Werfen Sie in jedes dieser Feuer eine Handvoll getrockneter Wachholderbeeren. Einer alten Überlieferung nach lockt das gute Hausgeister an.

Montag **27** Juni	KW 26
TE: Mond ☽ (Intuition/Frau)	
Dienstag **28** Juni	
TE: Mars ♂ (Mut/Stärke)	
Mittwoch **29** Juni **Neumond**	
TE: Merkur ☿ (Dialog/Handel)	
Donnerstag **30** Juni	
TE: Jupiter ♃ (Geld/Job)	

	Freitag
	# 01
	Juli
	TE: Venus ♀ (Liebe/Beauty)

	Samstag
	# 02
	Juli
	TE: Saturn ♄ (Lösung/Ende)

	Sonntag
	# 03
	Juli
	TE: Sonne ☉ (Mann/Energie)

Tag des christlichen Heiligen Aaron am 1. Juli

Er war der Bruder von Moses und als erster Hohepriester der Begründer des christlichen Priestertums. Weil beide Brüder bezweifelten, dass Gott dem dürstenden Volk während der Wüstenwanderung Wasser geben würde, durften beide laut Bibel nicht in das Gelobte Land einziehen.

Wenn Sie selbst oft von Zweifeln geplagt werden, sollten Sie einen Achat bei sich tragen. Dieser Stein hilft dabei, Vertrauen – vor allem in sich selbst – zu finden und inneren Frieden zu entwickeln.

Montag
04
Juli

TE: Mond ☽
(Intuition/Frau)

Dienstag
05
Juli

TE: Mars ♂
(Mut/Stärke)

Mittwoch
06
Juli

TE: Merkur ☿
(Dialog/Handel)

Donnerstag
07
Juli

TE: Jupiter ♃
(Geld/Job)

	Freitag **08** Juli
	TE: Venus ♀ (Liebe/Beauty)

	Samstag **09** Juli
	TE: Saturn ♄ (Lösung/Ende)

	Sonntag **10** Juli
	TE: Sonne ☉ (Mann/Energie)

Japanisches Tanabata-Fest am 7. Juli

Eine alte Legende erzählt von den zwei Liebenden Wega und Altair, zwei Sternen, durch die Milchstraße getrennt. Nur einmal im Jahr können sie sich treffen: an Tanabata. Liebende überreichen sich kleine Geschenke und schon am Vorabend werden kleine Wunschzettel in Bambusbäumen aufgehängt.

Auch wenn Sie keinen Bambusbaum in der Nähe haben: Hängen Sie Ihren Wunschzettel doch einfach an einen Baum im Wald und hinterlassen Sie ein kleines Opfer (z. B. Früchte, Blüten o. Ä.), um sich schon im Vorfeld für die Erfüllung zu bedanken.

Montag
11
Juli

TE: Mond ☽
(Intuition/Frau)

KW 28

Dienstag
12
Juli

TE: Mars ♂
(Mut/Stärke)

Mittwoch
13
Juli

Vollmond

TE: Merkur ☿
(Dialog/Handel)

Donnerstag
14
Juli

TE: Jupiter ♃
(Geld/Job)

	Freitag **15** Juli TE: Venus ♀ (Liebe/Beauty)
	Samstag **16** Juli TE: Saturn ♄ (Lösung/Ende)
	Sonntag **17** Juli TE: Sonne ☉ (Mann/Energie)

Tag der ägyptischen Götter Huh und Hauhet am 11. Juli

Die Götter verkörpern die mythologische Ewigkeit und die Luft, die sich zwischen Himmel und Erde befindet. Daher passt eine Räucherung heute sehr gut.

Das folgende Rezept wurde schon im antiken Ägypten genutzt, um sich den Göttern zu nähern: 4 TL Weihrauch, 2 TL Mastix, ½ TL Wacholderbeeren, ¼ TL Kalmus, ¼ TL Galgant, ½ TL Kardamom, 1 TL Zimtrinde oder Zimtblüte, 1 TL Myrrhe, ½ TL Rosenblätter, 1 TL Benzoe Siam und 1½ TL Sandelholz.

Diese Mischung kann auf Wunsch mit Honig, Rotwein und Sultaninen verfeinert und zu etwa erbsengroßen Kugeln geformt werden. Lassen Sie die Kugeln anschließend gut trocknen und verwenden Sie zum Räuchern ein Stövchen oder Räucherkohle.

Montag **18** Juli	KW 29
TE: Mond ☽ (Intuition/Frau)	
Dienstag **19** Juli	
TE: Mars ♂ (Mut/Stärke)	
Mittwoch **20** Juli	
TE: Merkur ☿ (Dialog/Handel)	
Donnerstag **21** Juli	
TE: Jupiter ♃ (Geld/Job)	

	Freitag **22** Juli TE: Venus ♀ (Liebe/Beauty)
	Samstag **23** Juli TE: Saturn ♄ (Lösung/Ende)
	Sonntag **24** Juli TE: Sonne ☉ (Mann/Energie)

Römisches Lucarienfest am 19. Juli

An diesem Tag wurden im antiken Rom Waldstücke vor ihrer Bebauung geweiht. Außerdem wurde um den Segen der Geister und Götter gebeten. Diese sollten mit einem kleinen Opfer gnädig gestimmt werden.

Wenn Sie auf Wohnungssuche sind, ist heute daher der perfekte Tag für ein kleines Opferritual. Dazu passt dieses römische Gebet, das ich an moderne Gegebenheiten angepasst habe: „Ob du eine männliche oder weibliche Gottheit bist, der dieser Platz geweiht ist, es ist dein Recht, dieses Opfer (zum Beispiel Honig) zu empfangen. Mögest du mir, meinem Hause und Haushalt und meinen Kindern huldreich und gnädig gesinnt sein."

Montag **25** Juli TE: Mond ☽ (Intuition/Frau)	KW 30
Dienstag **26** Juli TE: Mars ♂ (Mut/Stärke))	
Mittwoch **27** Juli TE: Merkur ☿ (Dialog/Handel)	
Donnerstag **28** Juli **Neumond** TE: Jupiter ♃ (Geld/Job)	

	Freitag
	29
	Juli
	TE: Venus ♀
	(Liebe/Beauty)

	Samstag
	30
	Juli
	TE: Saturn ♄
	(Lösung/Ende)

	Sonntag
	31
	Juli
	TE: Sonne ☉
	(Mann/Energie)

Tag der katholischen Heiligen Anna am 26. Juli

Sie ist die Mutter der Jungfrau Maria, die Schutzheilige der Ehefrauen und Beschützerin der Armen. Wenn man sich sehr verzweifelt fühlt, kann man sie in diesem Gebet anrufen:

„Tausendmal grüße ich dich, o liebreiche Mutter, heilige Anna, mit deiner liebsten Tochter Maria, mit deinem Enkel Jesus Christus!

Ich empfehle mich dir heute und alle Tage meines Lebens, in allen Versuchungen und Gefahren, besonders aber in der gefahrvollen Stunde meines Todes. Jetzt und immer lass mich die Kraft deines Schutzes erfahren und bewahre meine Seele vor den Anfechtungen des bösen Feindes und vor jeder Sünde. Amen."

Montag **01** August	KW 31
TE: Mond ☽ (Intuition/Frau)	
Dienstag **02** August	
TE: Mars ♂ (Mut/Stärke)	
Mittwoch **03** August	
TE: Merkur ☿ (Dialog/Handel)	
Donnerstag **04** August	
TE: Jupiter ♃ (Geld/Job)	

	Freitag
	05
	August
	TE: Venus ♀ (Liebe/Beauty)

	Samstag
	06
	August
	TE: Saturn ♄ (Lösung/Ende)

	Sonntag
	07
	August
	TE: Sonne ☉ (Mann/Energie)

Tag der römischen Göttin Abeona am 3. August

Sie beschützt die Kinder bei ihren ersten Gehversuchen. Dies gilt sowohl dann, wenn die Kinder noch klein sind, als auch dann, wenn pubertierende Kinder flügge werden.

Sie können diese Aufbruchsenergie unterstützen. Beschriften Sie dazu jeweils eine weiße, eine rote und eine blaue Kerze mit dem Namen des Kindes. Zünden Sie die Kerzen gleichzeitig an und lassen Sie sie abbrennen.

Montag **08** August TE: Mond ☽ (Intuition/Frau)	KW 32 **Augsburger Friedensfest** (Augsburg)
Dienstag **09** August TE: Mars ♂ (Mut/Stärke)	
Mittwoch **10** August TE: Merkur ☿ (Dialog/Handel)	
Donnerstag **11** August TE: Jupiter ♃ (Geld/Job)	

	Freitag
	12 August **Vollmond** TE: Venus ♀ (Liebe/Beauty)

	Samstag
	13 August TE: Saturn ♄ (Lösung/Ende)

	Sonntag
	14 August TE: Sonne ☉ (Mann/Energie)

Tag der slawischen Göttin Ziva am 11. August

Sie ist die personifizierte Vitalität, aus der alles hervorgeht. Sie gebietet über alle Wachstums- und Lebenskräfte, sowie über alle Hausgeister. Einer alten, bis heute in Russland gelebten, Tradition nach, darf man Gäste auf einer Türschwelle nicht begrüßen, umarmen oder verabschieden.

Man muss den Besuch stattdessen schon vor der Tür in Empfang nehmen, weil man sonst den unter der Schwelle lebenden Hausgeist verärgern würde. Stellt man ihm ab und an Kekse hin, kann man ihn nicht nur besänftigen, sondern er sorgt auch dafür, schlechte Menschen fernzuhalten.

Montag **15** August TE: Mond ☽ (Intuition/Frau)	KW 33 **Mariä Himmelfahrt** (BY, SL)
Dienstag **16** August TE: Mars ♂ (Mut/Stärke)	
Mittwoch **17** August TE: Merkur ☿ (Dialog/Handel)	
Donnerstag **18** August TE: Jupiter ♃ (Geld/Job)	

	Freitag
	19
	August
	TE: Venus ♀
	(Liebe/Beauty)

	Samstag
	20
	August
	TE: Saturn ♄
	(Lösung/Ende)

	Sonntag
	21
	August
	TE: Sonne ☉
	(Mann/Energie)

Tag des römischen Gottes Consus am 21. August

Consus ist der Gott der neuen Aussaat. Aus den geernteten Früchten entstehen schon jetzt die Samen für die nächste Saat.

Daher darf jetzt ein erster Blick ins neue Jahr nicht fehlen. Zum Beispiel mit einem Orakel, oder ganz handfest, mit einer Sammlung an Projektideen für das kommende Jahr.

Zünden Sie dazu eine orangefarbene Kerze an. Das unterstützt die Kreativität und visionäre Ideen.

Montag **22** August	KW 34
TE: Mond ☽ (Intuition/Frau)	
Dienstag **23** August	
TE: Mars ♂ (Mut/Stärke)	
Mittwoch **24** August	
TE: Merkur ☿ (Dialog/Handel)	
Donnerstag **25** August	
TE: Jupiter ♃ (Geld/Job)	

	Freitag
	26
	August
	TE: Venus ♀
	(Liebe/Beauty)

	Samstag
	27
	August
	Neumond
	TE: Saturn ♄
	(Lösung/Ende)

	Sonntag
	28
	August
	TE: Sonne ☉
	(Mann/Energie)

Sternschnuppenregen der Aurigiden am 28. August

Diese besonders schönen Sternschnuppen können Sie ab heute Nacht gegen 2 Uhr oberhalb des Sternzeichens Zwillinge beobachten. Noch bis zum 5. September haben Sie die Möglichkeit sich dabei etwas zu wünschen.

Einem sehr schönen Brauch nach kann man Sternschnuppen fangen und die Wunschenergie für später konservieren.

Dazu müssen Sie einen Spiegel so halten, dass Sie die Sternschnuppe darin sehen können. Dann muss der Spiegel abgedeckt werden. Brauchen Sie Energie für einen Wunsch, entfernen Sie die Abdeckung und wünschen sich etwas. Besonders einfach geht das übrigens mit einem Klappspiegel.

Montag **29** August TE: Mond 🌙 (Intuition/Frau)	KW 35
Dienstag **30** August TE: Mars ♂ (Mut/Stärke)	
Mittwoch **31** August TE: Merkur ☿ (Dialog/Handel)	
Donnerstag **01** September TE: Jupiter ♃ (Geld/Job)	

	Freitag
	02
	September
	TE: Venus ♀
	(Liebe/Beauty)

	Samstag
	03
	September
	TE: Saturn ♄
	(Lösung/Ende)

	Sonntag
	04
	September
	TE: Sonne ☉
	(Mann/Energie)

Tag der christlichen Heiligen Sabina am 29. August

Der Überlieferung nach befand sich Anfang des 2. Jahrhunderts an der Stelle der heutigen Kirche Santa Sabina in Rom das Haus der vornehmen reichen römischen Witwe Sabina. Sie war Heidin und hatte eine Sklavin namens Serapia. Durch Serapia lernte Sabina das Christentum kennen und wurde schließlich selbst Christin.

Für uns ist das ein guter Tag, um zu schauen, was wir von anderen lernen können. Dabei sollen wir nicht blindlings Meinungen übernehmen, sondern gut prüfen, was zu uns passt. Eine ätherische Ölmischung aus Rosmarin und Rose klärt dabei den Geist und macht offen für Impulse.

Montag **05** September TE: Mond ☽ (Intuition/Frau)	KW 36
Dienstag **06** September TE: Mars ♂ (Mut/Stärke)	
Mittwoch **07** September TE: Merkur ☿ (Dialog/Handel)	
Donnerstag **08** September TE: Jupiter ♃ (Geld/Job)	

	Freitag
	09
	September
	TE: Venus ♀
	(Liebe/Beauty)

	Samstag
	10
	September
	Vollmond
	TE: Saturn ♄
	(Lösung/Ende)

	Sonntag
	11
	September
	TE: Sonne ☉
	(Mann/Energie)

Tag der keltischen Göttin Vereina am 5. September

Sie ist eine Quell- und Flussgöttin und gilt noch heute als Hüterin der heilkräftigen und fruchtbarkeitschenkenden Quellen. Früher pilgerten Volk und Adel zu ihren Kultstätten und riefen sie um Schutz und Segen an. Durch ihre magische Heilkraft soll sie auch so manchen Kinderwunsch erfüllt haben.

Vielleicht besuchen Sie heute zum Sonnenaufgang auch eine Quelle oder einen Fluss in Ihrer Nähe und bitten Vereina um Segen. Wirft man eine Handvoll getrockneter Linsen ins Wasser hinein, besänftigt man einer Überlieferung nach auch die eifersüchtigen Wassermänner, die Vereina die Aufmerksamkeit abspenstig machen wollen.

Montag **12** September	KW 37
TE: Mond ☽ (Intuition/Frau)	
Dienstag **13** September	
TE: Mars ♂ (Mut/Stärke)	
Mittwoch **14** September	
TE: Merkur ☿ (Dialog/Handel)	
Donnerstag **15** September	
TE: Jupiter ♃ (Geld/Job)	

	Freitag
	16
	September
	TE: Venus ♀ (Liebe/Beauty)

	Samstag
	17
	September
	TE: Saturn ♄ (Lösung/Ende)

	Sonntag
	18
	September
	TE: Sonne ☉ (Mann/Energie)

Tag des slawischen Gottes Stribog am 15. September

Er ist der Großvater der Winde und der Überlieferung nach übernimmt er nun mit seinen Enkeln die Herrschaft. Wenn der Sturm zu arg tobt, müsse man – so wird es noch heute an der Küste erzählt – das nackte Hinterteil in den Wind halten. Anderen Überlieferungen zufolge würde es den Wind beruhigen, wenn man Mehl oder ein Messer in die Bö wirft. Wieder andere Aufzeichnungen schwören auf Beschimpfungen. Je wüster man den Orkan beschimpfe, desto schneller würde er sich verziehen.

Sie können die intensive Energie Stribogs nutzen, wenn Sie Ihren Kopf freibekommen wollen. Stellen Sie sich in den Wind und lassen Sie negative Energien und Gedanken ganz bewusst los.

Montag **19** September TE: Mond ☽ (Intuition/Frau)	KW 38
Dienstag **20** September TE: Mars ♂ (Mut/Stärke)	**Weltkindertag** (TH)
Mittwoch **21** September TE: Merkur ☿ (Dialog/Handel)	
Donnerstag **22** September TE: Jupiter ♃ (Geld/Job)	

	Tag-und-Nacht-Gleiche	**Freitag** **23** September TE: Venus ♀ (Liebe/Beauty)
		Samstag **24** September TE: Saturn ♄ (Lösung/Ende)
		Sonntag **25** September **Neumond** TE: Sonne ☉ (Mann/Energie)

Tag-und-Nacht-Gleiche am 23. September

Der Beginn der dunklen Jahreszeit war und ist als Schwellenfest mit besonderen Energien verbunden. Nur heute und zur Tag-und-Nacht-Gleiche im Frühling sind alle Energien völlig in der Waage. Alles ist in Balance. Die Schleier zur geistigen Welt sind ganz besonders dünn und ein Kontakt zur Anderswelt soll heute ganz besonders leicht möglich sein.

Reflektieren Sie heute darüber, was Sie den Sommer über erreicht haben. Eine fruchtig-frische Mischung ätherischer Öle (z. B. Orange und Pfefferminze mit Veilchen) bringt noch einmal den Sommer zurück und hilft Ihnen dabei Vergangenes abzuschließen und voller Vorfreude auf die nächsten Monate zu schauen.

Montag **26** September	KW 39
TE: Mond ☽ (Intuition/Frau)	
Dienstag **27** September	
TE: Mars ♂ (Mut/Stärke)	
Mittwoch **28** September	
TE: Merkur ☿ (Dialog/Handel)	
Donnerstag **29** September	
TE: Jupiter ♃ (Geld/Job)	

	Freitag
	30
	September
	TE: Venus ♀
	(Liebe/Beauty)
	Samstag
	01
	Oktober
	TE: Saturn ♄
	(Lösung/Ende)
	Sonntag
	02
	Oktober
	TE: Sonne ☉
	(Mann/Energie)

Tag des christlichen Heiligen Vinzenz am 27. September

Er galt als strebsamer Mann und ließ sich schon im Alter von 19 Jahren zum Priester weihen. Trotz Wallfahrten und Weiterbildungen fand er keine Anstellung. Als Notlösung arbeitete er in einem Internat, machte Schulden und musste schließlich sogar vor Gläubigern fliehen. Auf der Flucht landete er in Paris und knüpfte dort gute Kontakte, die ihn in eine gut bezahlte Anstellung als Hausgeistlicher eines Generals brachten. Einer Legende nach trug er ein Ginkgo-Blatt bei sich, das ihm dabei half, gute Kontakte zu knüpfen und Ideen bzw. Lösungen zu finden.

Wenn auch Sie diesen Qualitäten in Ihrem Leben Raum geben wollen, können Sie ebenfalls ein Ginko-Blatt, zum Beispiel als Schmuckstück, bei sich tragen.

Montag **03** Oktober TE: Mond ☽ (Intuition/Frau)	KW 40 **Tag der Deutschen Einheit**
Dienstag **04** Oktober TE: Mars ♂ (Mut/Stärke)	
Mittwoch **05** Oktober TE: Merkur ☿ (Dialog/Handel)	
Donnerstag **06** Oktober TE: Jupiter ♃ (Geld/Job)	

	Freitag **07** Oktober TE: Venus ♀ (Liebe/Beauty)
	Samstag **08** Oktober TE: Saturn ♄ (Lösung/Ende)
	Sonntag **09** Oktober **Vollmond** TE: Sonne ☉ (Mann/Energie)

Tag des orthodoxen Heiligen Gregor von Khandza

Gregor von Khandza erwarb sich der Legende nach Ruhm als Wundertäter. Überlieferungen zufolge ist er erst im hohen Alter von 102 Jahren gestorben. Besonders in Georgien gilt er bis heute als wichtiger Heiliger.

Sie können sich mit einer weißen Kerze an ihn wenden, wenn Sie großen Kummer haben.

Vielleicht haben Sie sogar eine georgisch-orthodoxe Kirche in Ihrer Nähe? Dann können Sie dort eventuell eine Ikone, zumindest aber Gebetskerzen bekommen, um Ihr Gebet zu verstärken.

Montag **10** Oktober	KW 41
TE: Mond ☽ (Intuition/Frau)	
Dienstag **11** Oktober	
TE: Mars ♂ (Mut/Stärke)	
Mittwoch **12** Oktober	
TE: Merkur ☿ (Dialog/Handel)	
Donnerstag **13** Oktober	
TE: Jupiter ♃ (Geld/Job)	

	Freitag
	14
	Oktober
	TE: Venus ♀
	(Liebe/Beauty)

	Samstag
	15
	Oktober
	TE: Saturn ♄
	(Lösung/Ende)

	Sonntag
	16
	Oktober
	TE: Sonne ☉
	(Mann/Energie)

Tag des griechischen Gottes Okeanos am 12. Oktober

Okeanos ist die ursprüngliche Kraft und Bewegung des Wassers. Folgendes Gebet an ihn ist überliefert: „Okeanos rufe ich, den unvergänglichen Vater, du wahrhaftig Ewiger, Ursprung der unsterblichen Götter und der sterblichen Menschen, der du die Erde umwogst als umgrenzender Kreis. Höre, Seliger, Spender von so Vielem, der großen Götter Reinigung, freundliche Grenze der Erde, Beginn des Himmeldaches, Herrscher der Wasser, zu den anwesenden Mysten komme wohlwollend und freundlich."

Wenn Sie das Gefühl haben, die Energien in Ihrem Leben seien gerade blockiert, oder wenn Sie neuen Schwung und Energie benötigen, können Sie Okeanos anrufen. Seine wilde Urkraft bringt Veränderung und reinigt uns von Altem, das wir loslassen wollen. Aber Achtung: Okeanos ist ungestüm und elementar, er wird Ihr Leben ordentlich durchwirbeln.

Montag **17** Oktober TE: Mond ☽ (Intuition/Frau)	KW 42
Dienstag **18** Oktober TE: Mars ♂ (Mut/Stärke)	
Mittwoch **19** Oktober TE: Merkur ☿ (Dialog/Handel)	
Donnerstag **20** Oktober TE: Jupiter ♃ (Geld/Job)	

	Freitag **21** Oktober TE: Venus ♀ (Liebe/Beauty)
	Samstag **22** Oktober TE: Saturn ♄ (Lösung/Ende)
	Sonntag **23** Oktober TE: Sonne ☉ (Mann/Energie)

Tag der keltischen Göttin Arduinna am 22. Oktober

Arduinna wurde oft in Begleitung ihres heiligen Wildschweines dargestellt. Das Wildschwein als solches steht in vielen europäischen Bräuchen für Stabilität und Kraft. Wer von einem Wildschwein träumt, kann sich in kommenden Gefahren gut durchsetzen.

Wünschen Sie sich selbst mehr Kraft und Stärke? Dann sollten Sie eine kleine Wildschweinfigur in Ihr Wohnzimmer stellen.

Montag **24** Oktober TE: Mond ☽ (Intuition/Frau)	KW 43
Dienstag **25** Oktober **Neumond** TE: Mars ♂ (Mut/Stärke)	
Mittwoch **26** Oktober TE: Merkur ☿ (Dialog/Handel)	
Donnerstag **27** Oktober TE: Jupiter ♃ (Geld/Job)	

	Freitag
	28
	Oktober
	TE: Venus ♀ (Liebe/Beauty)

	Samstag
	29
	Oktober
	TE: Saturn ♄ (Lösung/Ende)

	Sonntag
	30
	Oktober
	TE: Sonne ☉ (Mann/Energie)

Hinduistisches Diwali-Fest am 24. Oktober

Mit hell erleuchteten Häusern wird der Sieg des Lichts über das Dunkel gefeiert. Das Gute besiegt das Böse. Ein Tag der Feierlichkeiten ist der Göttin Lakshmi gewidmet. Man sagt, dass sie durchs Land zieht und überall, wo sie einkehrt, Segen und Glück hinterlässt. Sie kommt aber nur in die Häuser, die sauber, aufgeräumt und hell erleuchtet sind.

Vielleicht nehmen Sie diesen Tag auch zum Anlass, um Lakshmi einzuladen? Räumen Sie Ihr Haus oder Ihre Wohnung dazu gründlich auf und erleuchten Sie alles mit Kerzen, Lampions oder Lichterketten.

Montag **31** Oktober TE: Mond ☽ (Intuition/Frau)	KW 44 **Reformationstag** (BB, HB, HH, MV, NI, SN, ST, SH, TH)
Dienstag **01** November TE: Mars ♂ (Mut/Stärke)	**Allerheiligen** (BW, BY, NW, RP, SL)
Mittwoch **02** November TE: Merkur ☿ (Dialog/Handel)	
Donnerstag **03** November TE: Jupiter ♃ (Geld/Job)	

	Freitag
	04
	November
	TE: Venus ♀
	(Liebe/Beauty)

	Samstag
	05
	November
	TE: Saturn ♄
	(Lösung/Ende)

	Sonntag
	06
	November
	TE: Sonne ☉
	(Mann/Energie)

Keltisches Samhain am 31. Oktober

Die Erntezeit ist vorbei und die Natur scheint zu sterben. Der November ist traditionell der Ahnenverehrung gewidmet. In der ersten Nacht des Novembers sind nach alter Sage die Schleier zur jenseitigen Welt besonders dünn und die Seelen, die diese Welt schon verlassen hatten, wandern durch die diesseitige Welt.

Ich stelle in dieser Nacht eine Kerze ins Fenster, damit die Seelen meiner Vorfahren zu mir finden. Außerdem decke ich auch den Tisch für eine weitere Person, um meine Ahnen einzuladen, in dieser Nacht noch einmal bei uns zu sein. Mit Fotos und Geschichten erinnern wir uns noch einmal in Fröhlichkeit an unsere Liebsten, die nicht mehr bei uns sind.

Montag **07** November TE: Mond ☽ (Intuition/Frau)	KW 45
Dienstag **08** November **Vollmond** TE: Mars ♂ (Mut/Stärke)	Mondfinsternis
Mittwoch **09** November TE: Merkur ☿ (Dialog/Handel)	
Donnerstag **10** November TE: Jupiter ♃ (Geld/Job)	

	Freitag
	11
	November
	TE: Venus ♀
	(Liebe/Beauty)
	Samstag
	12
	November
	TE: Saturn ♄
	(Lösung/Ende)
	Sonntag
	13
	November
	TE: Sonne ☉
	(Mann/Energie)

Tag der hinduistischen Göttin Uma am 12. November

Uma bedeutet „Mutter der ganzen Welt" aber auch „Frieden der Nacht". Uma bringt Klarheit und Erkenntnis. Darum ist heute ein guter Tag für Orakel aller Art, vor allem aber für hellsichtige Sitzungen. Uma ist auch die Getreidegöttin, daher passt ein Ritual aus der Küchenmagie heute besonders gut.

Graben Sie in der Nähe Ihrer Haustür (je näher desto besser, alternativ tut es ein Blumenkübel mit Erde) ein kleines, Loch in den Boden. Streuen Sie drei Prisen Mehl hinein, dann legen Sie drei Münzen dazu. Dann streuen Sie erneut drei Prisen Mehl auf die Münzen, legen wieder drei Münzen dazu und streuen noch einmal drei Prisen Mehl darauf. Nun bedecken Sie alles mit Erde und drücken es fest. Dieses Ritual soll die Finanzen stärken und das Geld anziehen.

Montag **14** November	KW 46
TE: Mond ☽ (Intuition/Frau)	
Dienstag **15** November	
TE: Mars ♂ (Mut/Stärke)	
Mittwoch **16** November	**Buß- und Bettag** (SN)
TE: Merkur ☿ (Dialog/Handel)	
Donnerstag **17** November	
TE: Jupiter ♃ (Geld/Job)	

	Freitag
	18
	November
	TE: Venus ♀ (Liebe/Beauty)

	Samstag
	19
	November
	TE: Saturn ♄ (Lösung/Ende)

	Sonntag
	20
	November
	TE: Sonne ☉ (Mann/Energie)

Evangelischer Buß- und Bettag am 16. November

Die Ursprünge dieses Gedenktages liegen schon im antiken Rom. Die Götter sollten milde gestimmt werden. Später wurde der Buß- und Bettag vor allem im evangelischen Christentum zum festen Gedenktag. Es geht hierbei jedoch weniger um Strafen für begangene Sünden, sondern eher um Besinnung und Ruhe.

Sie können am Abend einen Gottesdienst besuchen oder vor der Flamme einer violetten Kerze für sich selbst reflektieren, was Gott, Spiritualität und Religion für Sie bedeuten. Bedenken Sie auch, wie Achtsamkeit in Ihren Alltag noch besser integriert werden kann.

Montag
21
November

TE: Mond ☽
(Intuition/Frau)

Dienstag
22
November

TE: Mars ♂
(Mut/Stärke)

Mittwoch
23
November

Neumond

TE: Merkur ☿
(Dialog/Handel)

Donnerstag
24
November

TE: Jupiter ♃
(Geld/Job)

	Freitag **25** November TE: Venus ♀ (Liebe/Beauty)
	Samstag **26** November TE: Saturn ♄ (Lösung/Ende)
	Sonntag **27** November TE: Sonne ☉ (Mann/Energie)

Beginn der römischen Brumalien am 24. November

Dieses rauschende Fest im antiken Rom dauerte 30 Tage. Im Anschluss begannen die Saturnalien. Viele unserer heutigen Weihnachts- und Silvesterbräuche gehen auf diese Zeit zurück. So beschenkte man sich damals schon mit kleinen, oftmals aber sehr teuren, Geschenken.

Im Mittelpunkt des Festes standen vor allem reichhaltige gemeinsame Festmahle mit Familie und Freunden. Die Wohnung, Fenster und Türen wurden mit grünen Girlanden und Lichtern geschmückt. Außerdem gab es Gebäck in dekorativen Formen wie z. B. Monde, Sterne etc.

Montag **28** November	KW 48
TE: Mond ☽ (Intuition/Frau)	
Dienstag **29** November	
TE: Mars ♂ (Mut/Stärke)	
Mittwoch **30** November	
TE: Merkur ☿ (Dialog/Handel)	
Donnerstag **01** Dezember	
TE: Jupiter ♃ (Geld/Job)	

	Freitag **02** Dezember TE: Venus ♀ (Liebe/Beauty)
	Samstag **03** Dezember TE: Saturn ♄ (Lösung/Ende)
	Sonntag **04** Dezember TE: Sonne ☉ (Mann/Energie)

Tag der amerikanisch-indigenen Göttin Wakwiyo am 3. Dezember

Die Legende besagt, dass Wakwiyo in den Bergen New Mexicos wohnt und von dort ihren heißen Atem durch die Berge pustet. Von den indigenen Ureinwohnern wurde sie mit Maismehl oder Truthahnfedern besänftigt. Sie erzählten sich, dass Wakwiyo dann heilsame und tröstende Luft hauchte.

Verbrennen Sie doch Wakwiyo zu Ehren eine Räucherung aus Zeder, Palo Santo und Wacholder.

Montag **05** Dezember	KW 49
TE: Mond ☽ (Intuition/Frau)	
Dienstag **06** Dezember	
TE: Mars ♂ (Mut/Stärke)	
Mittwoch **07** Dezember	
TE: Merkur ☿ (Dialog/Handel)	
Donnerstag **08** Dezember **Vollmond** TE: Jupiter ♃ (Geld/Job)	

	Freitag **09** Dezember TE: Venus ♀ (Liebe/Beauty)
	Samstag **10** Dezember TE: Saturn ♄ (Lösung/Ende)
	Sonntag **11** Dezember TE: Sonne ☉ (Mann/Energie)

Tag des Heiligen Nikolaus von Myra am 6. Dezember

In der Ikonographie wird Nikolaus von Myra häufig als Bischof mit drei Goldkugeln, Schiffen oder mit einem Anker dargestellt. Er wird u. a. als Schutzpatron der Seefahrer, Kinder, Jungfrauen, Pilger und Reisenden sowie zum Schutz gegen Wassergefahren und Seenot angerufen. Den Brauch, dass die Kinder am Vorabend die Stiefel vor die Tür stellen, damit der Heilige Nikolaus kleine Süßigkeiten hineinlegt, gibt es übrigens schon seit dem 12. Jahrhundert.

Folgendes Gebet an ihn ist überliefert: „Herr Jesus Christus, Du hast uns mit dem heiligen Nikolaus ein großes Vorbild für Freigiebigkeit, Frieden, Mut und Glaubenstreue gegeben. Hilf uns seinem Beispiel zu folgen und ebenso den Bedürftigen in ihren Nöten beizustehen, Frieden zu stiften, wo Zwietracht herrscht sowie Zeugen Deines Evangeliums zu werden. Darum bitten wir um die Fürsprache des heiligen Nikolaus. Amen."

Montag **12** Dezember	KW 50
TE: Mond ☽ (Intuition/Frau)	
Dienstag **13** Dezember	
TE: Mars ♂ (Mut/Stärke)	
Mittwoch **14** Dezember	
TE: Merkur ☿ (Dialog/Handel)	
Donnerstag **15** Dezember	
TE: Jupiter ♃ (Geld/Job)	

	### Freitag **16** Dezember TE: Venus ♀ (Liebe/Beauty)
	### Samstag **17** Dezember TE: Saturn ♄ (Lösung/Ende)
	### Sonntag **18** Dezember TE: Sonne ☉ (Mann/Energie)

Tag der keltischen Göttin Borbeth am 12. Dezember

Borbeth ist die warmherzige Erdmutter, so wie eine liebende Großmutter, die tröstet und Geborgenheit schenkt. Die Kelten sahen in der Erde bei Borbeth die Anderswelt, in der sich die Seelen der Verstorbenen bis zur Wiedergeburt aufhalten.

Wenn Sie das Gefühl haben, der Vorweihnachtsstress überrollt Sie, dann verbinden Sie sich mit Borbeth, mit Mutter Erde. Legen Sie sich flach hin (auf den Boden, aufs Bett oder auch draußen, wenn Sie kälteresistent sind) und stellen sich vor, wie Sie langsam durch Ihre Unterlage, durch den Boden in die Erde sinken – immer tiefer, immer tiefer. Visualisieren Sie, wie Sie sich immer wohliger fühlen und mit den heilsamen Energien von Borbeth versorgt werden.

Montag **19** Dezember TE: Mond ☽ (Intuition/Frau)	KW 51
Dienstag **20** Dezember TE: Mars ♂ (Mut/Stärke)	
Mittwoch **21** Dezember TE: Merkur ☿ (Dialog/Handel)	Wintersonnenwende
Donnerstag **22** Dezember TE: Jupiter ♃ (Geld/Job)	

	Freitag **23** Dezember **Neumond** TE: Venus ♀ (Liebe/Beauty)
Heiligabend	Samstag **24** Dezember TE: Saturn ♄ (Lösung/Ende)
1. Weihnachtsfeiertag	Sonntag **25** Dezember TE: Sonne ☉ (Mann/Energie)

Heiligabend am 24. Dezember

In jüdischer Tradition beginnen die Weihnachtsfeierlichkeiten bereits am 24. Dezember.

An diesem Abend sollten Sie unbedingt Hirse essen, damit Ihnen im neuen Jahr das Geld nicht ausgeht. Auch ein Opfer an die Hausgeister (zum Beispiel ein Schälchen mit Hirse, das vor die Tür gestellt wird) gehört auf jeden Fall dazu.

Einer alten Überlieferung nach sind Ihnen diese dann wohlgesinnt und werden im folgenden Jahr keine Dinge mehr verstecken.

Montag **26** Dezember TE: Mond ☽ (Intuition/Frau)	KW 52 2. Weihnachtsfeiertag
Dienstag **27** Dezember TE: Mars ♂ (Mut/Stärke)	
Mittwoch **28** Dezember TE: Merkur ☿ (Dialog/Handel)	
Donnerstag **29** Dezember TE: Jupiter ♃ (Geld/Job)	

	Freitag
	30
	Dezember
	TE: Venus ♀
	(Liebe/Beauty)

Silvester	Samstag
	31
	Dezember
	TE: Saturn ♄
	(Lösung/Ende)

Neujahr	Sonntag
	01
	Januar
	TE: Sonne ☉
	(Mann/Energie)

Silvester am 31. Dezember

Allerlei Bräuche ranken sich um die Nacht des Jahreswechsels. Vor allem die Energie des Neuanfangs ist jetzt sehr stark. Diese Energie lässt sich nutzen, um die Vorsätze durch das ganze Jahr hindurch zu retten.

Sie benötigen dazu eine weiße Stumpenkerze (Größe nach Wahl), die Sie am Silvesterabend mit Ihren Vorsätzen (maximal 2!), Ihrem Namen und der Jahreszahl des kommenden Jahres beschriften. Stellen Sie die Kerze in der Silvesternacht von außen auf das Fensterbrett oder in den Garten. Die Kerze wird sich mit den Neuanfangsenergien aufladen. Immer, wenn Sie im Laufe des Jahres merken, dass Sie sich von Ihren Vorsätzen entfernen, können Sie die Kerze für 30 Minuten (oder 1 Stunde – je nach Kerzengröße) anzünden und sich von den Energien neu motivieren lassen.

Gesetzliche Feiertage im Jahr 2023

Tag	Datum	Namen	Bundesland
SO	01.01.	Neujahrstag	Bundesweit
FR	06.01.	Heilige Drei Könige	BW, BY, ST
MI	08.03.	Internat. Frauentag	BE
FR	07.04.	Karfreitag	Bundesweit
SO	09.04.	Ostersonntag	BB
MO	10.04.	Ostermontag	Bundesweit
MO	01.05.	Tag der Arbeit	Bundesweit
DO	18.05.	Christi Himmelfahrt	Bundesweit
SO	28.05.	Pfingstsonntag	BB
MO	29.05.	Pfingstmontag	Bundesweit
DO	08.06.	Fronleichnam	BW, BY, HE, NW, RP, SL
DI	15.08.	Mariä Himmelfahrt	BY, SL
MI	20.09.	Weltkindertag	TH
DI	03.10.	Tag der deutschen Einheit	Bundesweit
DI	31.10.	Reformationstag	BB, HB, HH, MV, NI, SN, ST, SH, TH
MI	01.11.	Allerheiligen	BW, BY, NW, RP, SL
MI	22.11.	Buß- und Bettag	SN
MO	25.12.	1. Weihnachtstag	Bundesweit
DI	26.12.	2. Weihnachtstag	Bundesweit

Liste der verwendeten Abkürzungen

BB	– Brandenburg	NW	– Nordrhein-Westfalen
BE	– Berlin	RP	– Rheinland-Pfalz
BW	– Baden-Württemberg	SH	– Schlesweig-Holstein
BY	– Bayern	SL	– Saarland
HB	– Bremen	SN	– Sachsen
HE	– Hessen	ST	– Sachsen-Anhalt
HH	– Hamburg	TH	– Thüringen
MV	– Mecklenburg-Vorpommern	TR	– Tagesregent / Planetenherrscher
NI	– Niedersachsen	TL	– Teelöffel

Kalenderübersicht 2023

Januar

	Mo	Di	Mi	Do	Fr	Sa	So
2							1
	2	3	4	5	6	7	8
	9	10	11	12	13	14	15
	16	17	18	19	20	21	22
	23	24	25	26	27	28	29
	30	31					

Februar

	Mo	Di	Mi	Do	Fr	Sa	So
5			1	2	3	4	5
6	6	7	8	9	10	11	12
7	13	14	15	16	17	18	19
8	20	21	22	23	24	25	26
9	27	28					

März

	Mo	Di	Mi	Do	Fr	Sa	So
9			1	2	3	4	5
10	6	7	8	9	10	11	12
11	13	14	15	16	17	18	19
12	20	21	22	23	24	25	26
13	27	28	30	31			

April

	Mo	Di	Mi	Do	Fr	Sa	So
						1	2
	3	4	5	6	7	8	9
	10	11	12	13	14	15	16
	17	18	19	20	21	22	23
	24	25	26	27	28	29	30

Mai

	Mo	Di	Mi	Do	Fr	Sa	So
18	1	2	3	4	5	6	7
19	8	9	10	11	12	13	14
20	15	16	17	18	19	20	21
21	22	23	24	25	26	27	28
22	29	30	31				

Juni

	Mo	Di	Mi	Do	Fr	Sa	So
22				1	2	3	4
23	5	6	7	8	9	10	11
24	12	13	14	15	16	17	18
25	19	20	21	22	23	24	25
26	26	27	28	29	30		

Juli

	Mo	Di	Mi	Do	Fr	Sa	So
						1	2
	3	4	5	6	7	8	9
	10	11	12	13	14	15	16
	17	18	19	20	21	22	23
	24	25	26	27	28	29	30
	31						

August

	Mo	Di	Mi	Do	Fr	Sa	So
31		1	2	3	4	5	6
32	7	8	9	10	11	12	13
33	14	15	16	17	18	19	20
34	21	22	23	24	25	26	27
35	28	29	30	31			

September

	Mo	Di	Mi	Do	Fr	Sa	So
35					1	2	3
36	4	5	6	7	8	9	10
37	11	12	13	14	15	16	17
38	18	19	20	21	22	23	24
39	25	26	27	28	29	30	

Oktober

	Mo	Di	Mi	Do	Fr	Sa	So
							1
	2	3	4	5	7	7	8
	9	10	11	12	12	14	15
	16	17	18	19	19	21	22
	23	24	25	26	26	28	29
	30	31					

November

	Mo	Di	Mi	Do	Fr	Sa	So
44			1	2	3	4	5
45	6	7	8	9	10	11	12
46	13	14	15	16	17	18	19
47	20	21	22	23	24	25	26
48	27	28	30	31			

Dezember

	Mo	Di	Mi	Do	Fr	Sa	So
48					1	2	3
49	4	5	6	7	8	9	10
50	11	12	13	14	15	16	17
51	18	19	20	21	22	23	24
52	25	26	27	28	29	30	31

Magische Grundlagen

An dieser Stelle möchte ich Ihnen gern das Wichtigste über Magie und Rituale mit auf den Weg geben. Denn dieser Kalender lebt von den zahlreichen Ritualen, die Sie in Ihrem Alltag ausprobieren und zelebrieren können.

Alles, was ich hier schreibe, entstammt weitestgehend der traditionellen Überlieferung. Das meiste habe ich alten handschriftlichen Notizen entnommen, die von meiner Großmutter und Urgroßmutter stammen.

Ich selbst habe diese Rituale übernommen, an aktuelle Gegebenheiten angepasst und teilweise adaptiert, indem ich sie mit anderen Mythen kombiniert habe.

Nun darf ich Ihnen also mein Wissen und meine Erfahrungen nahebringen. Kombinieren Sie das ganze mit Ihren Wahrnehmungen und Ansichten.

Trauen Sie sich wild zu kombinieren. Ich versichere Ihnen, dass Sie kein Unheil anrichten können.

Sollte sich eine Kombination tatsächlich nicht vertragen, passiert im schlimmsten Fall – nichts. Das Ritual hätte dann eventuell keinen Erfolg.

Aber bitte fürchten Sie nicht, dass eventuell etwas ins Gegenteil umschlagen könnte oder Sie womöglich für den Untergang der Welt verantwortlich wären. All das kann nicht passieren, denn auch mit den großartigen Möglichkeiten, die wir mit der Magie bekommen haben, handeln wir dennoch immer im Rahmen unseres Schicksals.

Also probieren Sie sich aus, finden Sie eigene Wege und erfreuen Sie sich an der Spiritualität. In dieser darf nämlich jeder seinen individuellen Pfad finden.

Vielleicht geht es Ihnen dann wie mir, und Sie empfinden tiefe Dankbarkeit für die Möglichkeiten, die Sie haben.

Wir – besonders hier in Mittel- und Westeuropa – genießen eine enorme Freiheit. Wir dürfen uns die Religion frei wählen, dürfen selbst entscheiden, ob wir eine bestimmte Kirche besuchen oder nicht. Und das ganze ohne Konsequenz für Leib und Leben.

Damit besitzen wir eine Freiheit, die in den meisten Regionen der Welt so nicht gegeben ist. Dafür bin ich aus ganzem Herzen dankbar.

Für ein Wunschritual gibt es ein Standard-Rezept, das je nach Thema angepasst werden kann und soll.

1. Der richtige Zeitpunkt
   - Wählen Sie den richtigen Mondstand: Soll etwas wachsen (→ zunehmender Mond)?

   - Soll etwas weniger werden (→ abnehmender Mond)? Wollen Sie etwas Neues anfangen (→ Neumond)? Oder braucht Ihr Vorhaben ganz besonders viel Energie (→ Vollmond)?

   - Wählen Sie den richtigen Wochentag:
       ☽ Montag – Mond – Intuition, Weiblichkeit
       ♂ Dienstag – Mars – Mut, Tatkraft
       ☿ Mittwoch – Merkur – Kommunikation
       ♃ Donnerstag – Jupiter – Finanzen, Beruf
       ♀ Freitag – Venus – Liebe, Selbstliebe
       ♄ Samstag – Saturn – Auflösung, Ende
       ☉ Sonntag – Sonne – Energie, Männlichkeit

2. Die richtige Kerze
   - Verwenden Sie nur durchgefärbte Kerzen.
   - Wählen Sie die richtige Farbe entsprechend Ihrem Wunsch:
       - violett – Spiritualität
       - rosa – Romantik, Venus
       - rot – Liebe, Mut, Mars, Fruchtbarkeit
       - orange – Ausdauer, Kreativität
       - gelb/gold – Energie, Sonne, Aktivität
       - blau – Entspannung, Vitalität
       - grün – Finanzen, Beruf, Jupiter
       - weiß – Klärung, Reinigung
       - grau/silber – Mond, Gerechtigkeit
       - braun – Kommunikation
       - schwarz – Ende, Schutz, Saturn

3. Ausführung
- Nehmen Sie sich Zeit und gönnen Sie sich Ruhe ohne TV, Handy oder sonstige Störung.
- Sammeln Sie sich, formulieren Sie Ihren Wunsch klar und deutlich. Je präzisere Worte Sie finden, desto besser.
- Beschriften Sie die Kerze mit Symbolen, die zu Ihrem Wunsch passen, und Ihrem Namen. Nutzen Sie Ihren Fingernagel oder einen Zahnstocher und keinesfalls ein Messer!
- Wenn Sie mögen, können Sie die Kerze mit einem zu Ihrem Wunsch passenden magischen Öl einreiben.
- Entzünden Sie die Kerze und wenden Sie sich an einen für Sie passenden Gott oder Göttin. Wenn Sie sich unsicher fühlen, hilft Ihnen vielleicht dieser Leitfaden:
  - Machen Sie die Gottheit auf Sie aufmerksam, grüßen Sie, nennen Sie Ihren Namen.
  - In manchen Religionen ist es üblich, zunächst etwas Preisendes über die Gottheit zu sagen. Also bereits erfüllte Wünsche oder Begebenheiten aus der Mythologie.
  - Nennen Sie Ihren Wunsch. Vielleicht möchten Sie eine Gegenleistung (= ein Opfer) anbieten.
  - Bedanken und verabschieden Sie sich.

Bedenken Sie, dass ein angebotenes Opfer verbindlich ist und nicht einfach nach Gusto ausgetauscht oder gar ausgelassen werden sollte. Ein Dank nach Wunscherfüllung sollte selbstverständlich sein.

Ich wünsche Ihnen viel Erfolg!

Über die Autorin

Ich heiße Stefanie Gralewski und bin in Berlin in eine Familie hineingeboren, deren Frauen das Wissen und die Mythen weiser Frauen seit Generationen weitergegeben haben. Schon als Kind spürte ich, dass ich eine besondere Gabe habe. Heute „Esoterik" genannte Themen waren für mich also genau so normal wie lesen und spielen.

Von meiner Urgroßmutter, Großmutter und Mutter wurde ich in die Geheimnisse der Zukunftsschau, des Kerzenzaubers und der Kräutermagie eingeweiht. Weitere internationale Ausbildungen (u. a. zum Angstcoach und zur Wicca-Hohepriesterin) folgten. Seit frühester Jugend beschäftige ich mich mit Geschichte und Religionen.

Zwar entschied ich mich gegen ein Studium der Geschichts- und Religionswissenschaften, aber das Interesse blieb.

Im Jahre 2006 machte ich meine Berufung zum Beruf und berate seitdem professionell Menschen aus allen Bevölkerungsschichten und aller Herren Länder. Auch Prominente aus Sport, Wirtschaft und Medien vertrauen auf meine liebevolle und einfühlsame Beratung. Seit 2010 kann man mir bei meinen Beratungen auch im TV über die Schulter schauen.

Ich wünsche mir von ganzem Herzen, dass alle Religionen in fruchtbarem Austausch zueinander finden. Toleranz sollte nicht nur von der Kanzel gepredigt, sondern auch im Alltag gelebt werden. Wahre Toleranz zeigt sich dort, wo ich andere Glaubensvorstellungen diskutieren kann – ohne zu missionieren.

Bei Interesse biete ich Workshops und Seminare zu den Mythen der Welt, Orakel und Hexen in ganz Europa an. Auch für Lebensberatungen bin ich gern erreichbar. Profitieren Sie von der exklusiven Kombination modernen Mentaltrainings mit traditionellen Orakeln und meiner langjährigen Erfahrung.

Näheres dazu und aktuelle Informationen und Termine finden Sie auf www.stefaniegralewski.de oder auf Facebook unter „Die Berliner Hexe" bzw. „Steffis Hexenkalender".

Haben Sie Fragen oder Anregungen zu diesem Buch? Gern können Sie mir schreiben! E-Mail: office@stefaniegralewski.de

Weitere Publikationen von
Stefanie Gralewski

„Die vielen Gesichter der Jungfrau Maria – eine spirituell-historische Betrachtung" erschienen 2014

Steffis Hexenkalender – Das Original – 2015 – 2022

Artikelreihe „Der magische Hexenkalender" in der Zeitschrift „Zukunftsblick" Ausgabe 10/2015 – 12/2017

Artikelreihe „Medium und Mutter" in der Zeitschrift „Zukunftsblick" Ausgabe 05/2016 – 05/2017

Fotokalender „Göttinnen der Welt" 2018 (erschienen 2017) Fotokalender „Göttinnen der Welt – Dark Edition" 2018 (erschienen 2017)

Mein Kinderbuch „Rabengeflüster" erscheint voraussichtlich im Frühjahr 2022

Hexenkalender – Die Business-Edition – erscheint voraussichtlich im Sommer 2022